Contenido

¿Quién fue Vincent van Gogh?

El pintor holandés Vincent van Gogh (1853-1890) es uno de los artistas más famosos del mundo. Sin embargo, a lo largo de su trayectoria artística muy poca gente conoció su trabajo, y tan sólo llegó a vender un cuadro. A menudo estaba solo, y frecuentemente sufría enfermedades y depresiones; no obstante, se considera uno de los artistas más queridos y sus cuadros han sido reconocidos como obras maestras.

COMIENZOS

Vincent van Gogh nació el 30 de marzo de 1853 en Groot-Zundert, al sur de Holanda. Su padre, Theodorus van Gogh (1822-1885) era el clérigo local, y su madre, Anna (1819-1907), era la fuerte y enérgica esposa del pastor. Después de Vincent, Theodorus y Anna tuvieron otros cinco hijos: Anna, Theodorus (Theo), Elisabetha, Willemina y Cornelis. El hermano menor de van Gogh, Theo, sería su íntimo amigo durante toda la vida.

▲ Van Gogh en 1866, a la edad de 13 años, en el internado.

◄ El edificio del centro de esta fotografía es el presbiterio, la casa en la que vivía la familia Van Gogh. Tanto Vincent como Theo nacieron aquí. Vincent en la habitación del primer piso, de cuya ventana sale una bandera.

CRONOLOGÍA ▶

30 de marzo de 1853	1 de mayo de 1857	1861-1864	1864-1868	30 de julio de 1869	Mayo de 1873
Nace Vincent van Gogh en el pueblo de Groot-Zundert, al sur de Holanda.	Nace Theodorus (Theo) van Gogh.	Van Gogh asiste a la escuela local.	Van Gogh asiste a un internado.	Van Gogh empieza a trabajar en la sucursal de La Haya de la galería de arte Goupil & Co.	Van Gogh es trasladado a la oficina de Goupil & Co. en Londres.

Vincent van Gogh creció en la pequeña comunidad de Groot-Zundert. Le encantaba vagabundear por los campos neblinosos y llanos que rodeaban el pueblo, y, a menudo, realizaba bocetos de escenas locales. Asistió a la escuela del pueblo hasta que a los 11 años fue enviado a un internado. Echaba de menos a su familia y su entorno familiar, y no obtuvo buenos resultados en sus estudios mientras estuvo lejos de casa. Durante sus días escolares,

Van Gogh continuó haciendo bocetos. Sus dibujos mostraban talento, pero sus padres no le animaron a hacerse artista. Más bien decidieron que fuera marchante de arte, como su tío Vincent, conocido en la familia como tío Cent.

TRASLADO A LONDRES

Van Gogh tuvo mucho éxito en la empresa del tío Cent, Goupil & Co. En 1873, después de cuatro años, la empresa lo trasladó a la sucursal de Londres. A Van Gogh le entusiasmaba

vivir en Londres, con todas sus galerías, parques y museos, y sentía especial predilección por la National Gallery. Sin embargo, la extrema pobreza que vio en la ciudad empezó a turbarle.

Se enamoró de una joven llamada Eugenie Loyer, cuya madre era la propietaria del albergue donde se hospedaba. Por desgracia, Eugenie no sentía lo mismo por él. Tras sentirse rechazado y solo en una ciudad extranjera, y rodeado de pobreza, Van Gogh buscó apoyo en la religión.

MARCHANTE DE ARTE

En 1869, cuando Van Gogh tenía 16 años, su tío Cent le consiguió un trabajo en la compañía de marchantes de arte donde trabajaba, llamada Goupil & Co. Tenían una oficina en La Haya, la capital de Holanda. En la ciudad, Van Gogh podía visitar impresionantes museos y galerías, incluida la Royal Picture Gallery. Allí pudo ver el trabajo de grandes artistas holandeses, como Rembrandt (1606-1669) y Jan Vermeer (1632-1675). A Van Gogh le gustaba su nuevo trabajo y el ajetreo de comprar y vender obras de arte. En 1872 empezó un intercambio de cartas con su hermano Theo. Theo era cuatro años más joven que Vincent y seguía yendo a la escuela, aunque más adelante también entró a trabajar en Goupil & Co. Esta correspondencia entre los dos hermanos, que continuaría a lo largo de la vida de Van Gogh, constituye una rica fuente de información sobre la vida del artista, su trabajo y sus sentimientos.

▲ *La compañía militar del capitán Frans Banning Cocq*, 1642, Rembrandt. Este dramático cuadro también recibe el nombre de *La ronda de noche*. Van Gogh lo había visto en sus visitas al Trippenhuis (ahora llamado Rijksmuseum), en Amsterdam. Se sabe por las cartas de Van Gogh a Theo que pensaba que Rembrandt era un gran artista. En una carta le comentó a su hermano que podría sentarse delante de un cuadro de Rembrandt durante diez años con sólo un trozo de pan para comer y ser perfectamente feliz.

Ayudar a los pobres

En Londres, Van Gogh se fue desilusionando paulatinamente con el mundo de los marchantes de arte. A medida que su entusiasmo fue decayendo, confesó a Theo que había empezado a considerarlo «una forma de fraude organizado». En 1875 fue trasladado a la sucursal de Goupil & Co. en París, pero a sus empleados les resultó muy difícil trabajar con él. Al año siguiente, Van Gogh, que tenía 23 años, fue despedido. Se había ausentado de su puesto de trabajo en Navidad, la época de más trabajo del año, sin pedir permiso.

▲ La National Gallery de Londres, en torno a 1870. A Van Gogh le encantaba la estupenda colección de cuadros de la National Gallery, pero le conmovían las diferencias entre ricos y pobres en la ciudad (*véase* inferior).

El joven regresó a Inglaterra, donde empezó a trabajar como profesor ayudante de francés, alemán y aritmética en una escuela de Kent. A los pocos meses, hizo sus pinitos como asistente social, y, más adelante, como predicador a tiempo parcial en Londres Oeste.

ESTUDIAR PARA LA IGLESIA

En 1877 Van Gogh volvió a Holanda para trabajar en una librería. Sintió que su fe cristiana se estaba fortaleciendo, de modo que empezó a formular un plan. Escribió a Theo: «No hay otras profesiones en el mundo excepto las de maestro de escuela y clérigo». Decidió que tenía vocación de sacerdote y empezó a prepararse para ello. Dos veces, en Amsterdam y Bruselas, intentó ingresar en la Universidad para estudiar teología, pero las dos fue rechazado.

▲ Una mujer pobre en Londres, hacia 1870.

CRONOLOGÍA ▶

Mayo de 1875	Enero de 1876	Verano de 1876	Enero-abril 1877	Mayo de 1877	1878	Dic. 1878-agosto 1879
Van Gogh es trasladado a la sucursal de Goupil & Co. en París.	Goupil & Co despide a Van Gogh.	Van Gogh trabaja como profesor asistente, trabajador social y predicador.	Van Gogh trabaja en una librería en Dordecht, Holanda.	Van Gogh quiere estudiar teología de la universidad de Amsterdam, pero suspende el examen de ingreso.	Van Gogh intenta ingresar en un seminario de Bruselas, pero suspende.	Van Gogh trabaja como predicador seglar en Borinage, una comunidad minera.

◀ *Esposas de mineros*, 1881. El cuadro de Van Gogh de las esposas de los mineros transportando sacos de carbón es muy realista: casi es posible sentir el peso del carbón en las espaldas de las mujeres.

PREDICAR A LOS MINEROS

Abortados sus esfuerzos por estudiar para sacerdote, Van Gogh decidió ayudar a los pobres por su cuenta. Aceptó un empleo como predicador seglar (sin cualificación) en Borinage, una pobre región minera situada en la frontera entre Francia y Bélgica. Las condiciones de trabajo en las minas eran peligrosas, y las familias de los mineros apenas disponían del suficiente dinero para comida y ropa. El corazón de Van Gogh se abrió a aquellas personas. Estaba determinado a ayudarles como pudiera. Compartió la vida de los mineros, y se unía a ellos cuando declaraban una huelga. Regaló la mayor parte de su ropa, e incluso el dinero que Theo, que seguía trabajando en Goupil, había empezado a enviarle. Pero Van Gogh tenía tantas ganas de ayudar que sus jefes empezaron a preocuparse. En 1879 volvieron a despedirle.

UN PUNTO DE INFLEXIÓN

Después de haber trabajado como marchante de arte, profesor, trabajador social, predicador y empleado en una librería, Van Gogh volvía a estar sin trabajo. Durante el año siguiente trabajó como predicador errante, recorriendo los caminos en todo tipo de condiciones climatológicas y durmiendo en graneros al llegar la noche. Hambriento, sin dinero y deprimido, volvió a su vieja afición de hacer bocetos para ganarse el sustento. Así, intercambiaba dibujos por trozos de pan. Había llegado a un punto de profundo cambio en su vida.

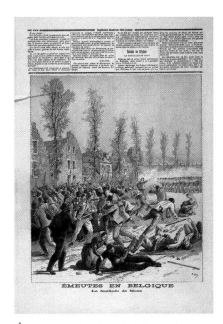

▲ Este periódico francés informa de una huelga de mineros que hubo durante el período en que Van Gogh vivía en la comunidad minera de Borinage. Van Gogh apoyó la causa de los mineros, y les ayudó con ropa y comida.

Aprender a ser artista

En marzo de 1880, Van Gogh realizó un importante viaje. Caminó 70 kilómetros para visitar a un conocido artista, Jules Breton (1827-1906), y enseñarle sus dibujos. No obstante, cuando llegó allí, su timidez le impidió llamar a la puerta del artista. Sin embargo, en una carta a Theo, Van Gogh dice que en la larga caminata de vuelta a casa, aun sin haber visto a Breton, decidió hacerse pintor: «Seguiré adelante con mis dibujos. Desde ese momento todo ha parecido transformarse para mí».

◀ *Mujer de Laren con cabra,* h. 1885, de Anton Mauve. Anton Mauve se especializó en pintar escenas rurales. Como la mayoría de los artistas de su tiempo, Mauve produjo cuadros que copiaban elementos de los estilos de los grandes pintores del pasado.

UNA EDUCACIÓN FORMAL

Durante el siglo XIX se creía que para aprender a ser artista había que recibir una educación formal. Los futuros artistas o bien estudiaban en el estudio de un artista consagrado o en una escuela de arte durante una serie de años. Si un estudiante elegía estudiar con un artista particular, generalmente aprendía su estilo y estaba de acuerdo con sus ideas respecto al arte. La escuela de arte más famosa de aquel tiempo era la École des Beaux-Arts (Escuela de Bellas Artes) de París. Sus alumnos dibujaban modelos tres veces por semana, así como réplicas en yeso de diversas partes del cuerpo humano. La mayoría de los artistas recibían formación para copiar a los famosos pintores del pasado, y se les evaluaba según su habilidad para hacerlo mejor o peor, no por crear trabajos originales. Incluso los impresionistas (*véase* pág. 14), que abrieron nuevos caminos en el arte, siguieron este tipo de educación formal. La decisión de Van Gogh de hacerse artista le llevaba inevitablemente a tener que recibir una educación formal.

CRONOLOGÍA ▶

1880	1881	1882	1883	1884-1885	26 de marzo de 1885
Van Gogh decide hacerse artista. Ingresa en la Academia de Arte de Bruselas y estudia con Anton van Rappard.	Van Gogh se traslada a La Haya, donde estudia con Anton Mauve.	Van Gogh vive con Sien Hoornik en La Haya.	Van Gogh pinta en Drenthe, y después vuelve a casa de sus padres en Nuenen.	Van Gogh pinta en Nuenen.	El padre de Van Gogh muere a causa de un ataque de corazón.

LOS ESTUDIOS DE VAN GOGH

En octubre de 1880, Van Gogh ingresó en la Academia de Arte de Bruselas, donde recibió ayuda de un rico pintor llamado Anton van Rappard (1858-1892). Van Gogh estudió anatomía y desarrolló sus dotes de dibujante por medio de la copia de cuadros famosos. Asimismo, aprendió las reglas de la perspectiva, que los artistas usaban para dibujar escenas tridimensionales sobre papel liso o lienzo. En 1881 Van Gogh regresó a La Haya para estudiar con su primo Anton Mauve (1838-1888), un artista de éxito. Van Gogh se concentró en dibujos y acuarelas.

▲ Fotografía de uno de los canales de La Haya en 1880.

«Seré pobre;
seré pintor;
quiero seguir
siendo humano.»

Vincent van Gogh

En 1882 Van Gogh empezó a pintar óleos sobre lienzo, lo que pronto se convirtió en su medio de trabajo favorito. Theo enviaba dinero a su hermano, quien lo usaba para pagarse modelos y materiales de artista. Vivía con una dieta a base de pan y café, y a menudo caía enfermo.

Mientras estuvo en La Haya, Van Gogh vivió con Sien Hoornik, una mujer pobre que posaba como modelo para él. Sin embargo, sus padres desaprobaron esta relación. Van Gogh acabó cediendo y dejó a Sien, Mauve y La Haya. Rechazó lo que había aprendido durante su breve período de educación artística formal. Pasó unos meses pintando en el norte de Holanda, en Drenthe, y después se fue a vivir con sus padres a Nuenen. Van Gogh aún seguía allí cuando su padre falleció a causa de un ataque al corazón en 1885.

▲ *En el jardín*, 1883. En Drenthe y Nuenen, Van Gogh pintó fundamentalmente escenas de gente pobre que trabajaba o que estaba en sus casas. Su principal ambición era pintar cuadros sobre estos temas y convertirse en un «pintor aldeano».

La primera gran obra

En 1885, mientras aún vivía en Nuenen, Van Gogh planeó su primer gran trabajo, *Los comedores de patatas* (*véase* página siguiente). Quería mostrar una humilde familia campesina en su hogar, mientras compartía una cena a base de patatas cocidas. El artista, que tenía 32 años, realizó muchos bocetos a lápiz y estudios al óleo sobre su tema antes de comenzar la verdadera obra.

▲ Lavandería de la residencia de los padres de Van Gogh en Nuenen. Van Gogh usó este edificio como estudio durante el invierno de 1883-1884.

PINTAR LA REALIDAD

Van Gogh estaba determinado a no idealizar las vidas de los campesinos pobres, que se afanaban en los campos desde el amanecer hasta la noche a fin de cultivar suficientes alimentos para poder vivir. A diferencia de algunos artistas, que pintaban hermosas versiones de temas rurales, Van Gogh muestra la dura realidad de la vida campesina. Escribió a Theo: «He tratado de poner de relieve que esta gente, al comer sus patatas a la luz de la lámpara, han cavado la tierra con esas mismas manos que ponen en el plato [...] que se han ganado honestamente la comida». No obstante, a pesar de todos sus esfuerzos, a la mayoría de la gente no le gustó su cuadro. Desanimado, Van Gogh se trasladó a la ciudad belga de Amberes.

▲ *La comida frugal*, 1876, de Joszef Israels.

PINTORES DE LA VIDA RURAL

Muchos artistas europeos habían pintado escenas de la vida y el trabajo rural antes que Van Gogh. Entre ellos se incluyen el artista holandés del siglo XVI Pieter Breughel el Viejo (1525-1569) y el pintor francés Jean-François Millet (1814-1875), de quien Van Gogh era un gran admirador. Los artistas holandeses como Rembrandt y Vermeer (*véase* pág. 7) eran famosos por sus cuadros de interiores. Otro artista que Van Gogh tenía como referencia era Joszef Israels (1824-1911). Mientras trabajó en Goupil & Co., Van Gogh vio una copia de uno de los cuadros de Israels llamado *La comida frugal* (izquierda). Muestra a unos campesinos mientras toman una comida simple, lo que le inspiró *Los comedores de patatas*.

CRONOLOGÍA ▶

Marzo de 1885	Noviembre de 1885	Enero de 1886
Van Gogh produce sus primeras grandes obras, entre las que se incluye *Los comedores de patatas*.	Van Gogh se traslada a Amberes, donde trata de conocer a otros artistas y de vender su trabajo. Compra dibujos japoneses en los muelles y los cuelga en su habitación.	Van Gogh acude a la Academia de Arte de Amberes, pero, como no está de acuerdo con sus anticuados métodos de trabajo, la abandona a los pocos meses.

Los comedores de patatas, 1885

Óleo sobre lienzo, 81,5 x 114,5 cm. Rijksmuseum Vincent van Gogh, Fundación Vincent van Gogh,
Amsterdam, Holanda

**Van Gogh pintó a esta familia de granjeros con colores oscuros y terrosos, en su mayor parte grises,
marrones y negros, reflejo de su labor diaria en los campos. Usó tonos naranja más cálidos para mostrar
la suave luz de la lámpara que baña la mesa donde la familia se sienta a comer.**

*«Si un cuadro de campesinos huele a tocino, humo
y vapor de patatas, está bien, no es insalubre.»*

Vincent van Gogh

Los impresionistas

En febrero de 1886, Van Gogh abandonó Amberes y se trasladó a París, donde su hermano Theo era un próspero marchante de arte. La capital francesa era el centro del mundo artístico, además de la cuna de un nuevo e inspirador movimiento artístico llamado impresionismo.

ENCUENTRO CON OTROS ARTISTAS

A través de Theo, Van Gogh pudo conocer a los grandes artistas impresionistas, entre los que se incluyen Claude Monet (1840-1926), Camille Pissarro (1830-1903), Pierre-Auguste Renoir (1841-1919), Paul Signac (1863-1935), Émile Bernard (1868-1941), Paul Gauguin (1848-1903) y Henri Toulouse-Lautrec (1864-1901). Van Gogh y Theo vivieron en el barrio de Montmartre, que era popular entre los artistas porque las casas tenían un bajo precio. A Van Gogh le impresionaron los colores brillantes

▲ *Los bañistas, Asnieres*, 1883-1884, de Georges Seurat. *Los bañistas* se pintó con miles de puntos de color sin mezclar.

y la frescura de las pinturas impresionistas. Bajo su influencia, su arte sufrió un cambio drástico. Van Gogh abandonó tanto sus colores oscuros como el tema de sus cuadros, los aldeanos pobres. Empezó a pintar cuadros brillantes, paisajes urbanos coloristas en los que se incluían cafés y naturalezas muertas, tal y como hacían los impresionistas.

▲ *Impresión, amanecer*, 1872, de Claude Monet.

IMPRESIONISMO Y PUNTILLISMO

El movimiento impresionista surgió en torno a 1870, 15 años antes de que Van Gogh llegara a París. El movimiento adoptó el nombre de un cuadro del artista Claude Monet denominado *Impresión, amanecer* (izquierda). Los artistas impresionistas solían pintar al aire libre, y trabajaban rápidamente para tratar de captar el estado de ánimo y la cualidad de la luz de un momento particular del día. En 1885, los jóvenes artistas Georges Seurat (1859-1891) y Paul Signac (1836-1935) ya habían ido más allá del impresionismo al inventar una nueva técnica llamada puntillismo. Elaboraban sus cuadros pintando miles de puntos de color puro sobre el lienzo. Van Gogh también aprendió este método.

Moulin de Blute-fin, Montmartre, 1886

Óleo sobre lienzo, 46,5 x 38 cm. Museo de Arte Bridgestone, Tokio, Japón

En tiempos de Van Gogh, el barrio de Montmartre, situado en lo alto de una loma, no tenía tantas construcciones como en la actualidad, de manera que conservaba un aspecto muy rural. Van Gogh pintó varios cuadros de los molinos de Montmartre y de las pequeñas parcelas de tierra donde la gente cultivaba sus verduras. El cuadro refleja la frescura aérea y ligera del arte impresionista.

Arte japonés

▲ *Ukiyo Nijushiko,* **Keisai Eisen.**

COLOR Y LÍNEA

El trabajo de los estampadores japoneses como Katsuhika Hokusai (1760-1849), Keisai Eisen (1790-1848) y Ando Hiroshige (1797-1858) era popular entre muchos artistas en tiempos de Van Gogh, entre los que se incluye Claude Monet. Los pintores europeos admiraban las composiciones inusuales de las estampas japonesas y sus simples bloques de color puro. Van Gogh realizó varias copias de las estampas japonesas, además de incluirlas como fondo de su retrato de Père Tanguy. Inspirado por el arte japonés, empezó a dibujar desde puntos de vista inesperados, así como a incluir zonas de color liso y plano, resaltado por líneas oscuras.

En París, Van Gogh entabló amistad con un marchante de arte llamado Père Tanguy, a quien pintó en diversas ocasiones contra un trasfondo de estampas japonesas (*véase* página siguiente). Estas estampas eran muy populares entre algunos artistas europeos, particularmente los impresionistas. El mismo Van Gogh se convirtió en un entusiasta del arte japonés cuando vivió en Amberes en 1885. Estas estampas baratas se usaban como material para embalar la porcelana y otras mercancías frágiles procedentes de Asia, que llegaban a puertos como el de Amberes. Fue allí donde Van Gogh compró varias estampas. Admiraba sus colores simples y el valiente estilo de los dibujos.

UNA EXPOSICIÓN

En 1887, otra amiga de Van Gogh, Agostina Segatori, propietaria de un café, le permitió montar una exposición de estampas japonesas en su local. Más adelante, Van Gogh expuso allí algunas de sus obras, junto con pinturas de otros jóvenes artistas. Sin embargo, no se vendió ningún cuadro.

▲ **Un café en París en la década de 1880, la época en que Van Gogh se encontraba en la ciudad. Los cafés eran lugares de encuentro populares para los artistas y escritores que querían comentar sus trabajos.**

CRONOLOGÍA ▶

Enero-marzo de 1887	Primavera de 1887	Noviembre de 1887
Van Gogh organiza una exposición de grabados japoneses en el Café du Tambourin, y, más adelante, expone sus propias obras junto con cuadros de otros jóvenes artistas, pero sin llegar a vender sus pinturas.	Van Gogh compra algunos grabados japoneses en una galería de París.	Van Gogh conoce a Georges Seurat, fundador del movimiento puntillista.

Père Tanguy, 1887-1888

Óleo sobre lienzo, 65 x 51 cm. Colección Stavros S. Niarchos

Père Tanguy era uno de los comerciantes que abastecían de material artístico a Van Gogh en París. A veces ayudaba a los artistas jóvenes intercambiando pintura y lienzos por cuadros terminados, algo que también hizo por Van Gogh. El retrato que Van Gogh realizó de Père Tanguy refleja el humor y la generosidad del anciano.

Hacia el sur, a la tierra de la luz

▲ *Montagne Sainte-Victoire*, 1886-1887, de Paul Cézanne. Cézanne pintó esta montaña en diversas ocasiones.

LUZ INSPIRADORA

Van Gogh creía que el aire limpio y los vientos del sur de Francia aclararían su mente y agudizarían sus sentidos. Otros muchos artistas estaban de acuerdo con él, de manera que encontraron la inspiración en la clara luz y en los hermosos paisajes del sur. Paul Cézanne (1839-1906) pasó la mayor parte de su vida pintando en el sur de Francia. Cézanne comenzó su carrera artística siendo impresionista, aunque más adelante desarrolló su propio estilo. Se le suele llamar el «padre del arte moderno». Otro impresionista, Pierre-Auguste Renoir, tenía su base en el sur, y, poco después, la costa mediterránea inspiró al grupo de los llamados «*fauves*» (*véase* pág. 41).

En otoño de 1887 Van Gogh se estaba empezando a cansar del ritmo acelerado de la vida en París; había pintado más de 200 cuadros en dos años. El acostarse tan tarde y el exceso de café y de alcohol le estaban enfermando y volviendo irritable. ¡Hasta al propio Theo le costaba convivir con su hermano! Otro artista, Toulouse-Lautrec, le recomendó la zona de la Provenza, en el sur de Francia, como un buen lugar donde descansar y pintar. Van Gogh estaba convencido de que el traslado le devolvería la salud y la paz mental.

TRASLADO AL SUR

En febrero de 1888, Van Gogh se trasladó a Arles, una antigua ciudad a 25 kilómetros de la costa mediterránea. Cuando llegó, encontró un paisaje nevado que le recordó a las estampas invernales japonesas. Al llegar la primavera, los almendros, los cerezos y los perales florecieron, otro tema favorito de los pintores japoneses. «Siento que estoy en Japón», escribió.

▲ Réplica moderna del puente que Van Gogh pintó en Langlois, cerca de Arles.

COLOR DESLUMBRANTE

A medida que llegaba el verano, Van Gogh iba explorando lugares donde encontrar hermosos rincones que pintar. Los deslumbrantes colores del paisaje fueron su inspiración y completó muchos óleos, uno tras otro. Empezó a desarrollar su propio estilo inconfundible; con colores brillantes y delineando las formas con claridad, a menudo con líneas de color oscuro. Las enérgicas pinceladas de Van Gogh complementaban sus sorprendentes colores, al mismo tiempo que creaban una sensación de movimiento en sus cuadros.

CRONOLOGÍA ▶

Febrero de 1888	Febrero de 1888	Marzo de 1888
Van Gogh y Theo visitan a Seurat en su estudio. Van Gogh se traslada de París a Arles y alquila una habitación cerca de la estación.	Van Gogh pinta muchos cuadros de flores y árboles que estallan de vida; le recuerdan a las imágenes de los cuadros japoneses.	El trabajo de Van Gogh se exhibe en el Salon des Indépendants, pero no se vende.

Puente de Langlois en Arles, con carretera a lo largo del canal, 1888

Óleo sobre lienzo, 59,5 x 74 cm. Rijksmuseum Vincent van Gogh,
Fundación Vincent van Gogh, Amsterdam, Holanda

Este pequeño puente sobre un canal cerca de Arles se convirtió en el lugar favorito
de Van Gogh, quien pintó varios cuadros de él. Los puentes también eran un tema
popular en el arte japonés. Van Gogh empezaba a firmar sus cuadros únicamente
con su nombre, «Vincent», hábito que conservaría el resto de su vida.

«*El aire de aquí me hace bien.*»

Vincent van Gogh

Un estudio de artista

Durante sus primeros meses en Arles, Van Gogh residió en un hotel cercano a la estación de tren. En mayo de 1888 alquiló habitaciones en un edificio cercano, denominado la Casa Amarilla por sus paredes de vivo color amarillo. El apartamento no tenía muebles, de modo que en principio Van Gogh lo usó como estudio. Soñaba con hacer de la Casa Amarilla el centro de una colonia de artistas. Con este proyecto en mente, invitó al pintor Paul Gauguin, a quien había conocido en París, a pasar una temporada en Arles.

SÍMBOLO DEL SUR

En agosto de 1888, Van Gogh comenzó una serie de cuadros de girasoles con los que quería decorar la Casa Amarilla para la llegada de Gauguin. Según Van Gogh, estas flores de brillante color amarillo eran un símbolo del sur. «El amarillo es la encarnación [...] del amor», escribió a Theo.

El mismo color brillaba en los campos de maíz y la hierba seca, en el suelo fértil y en el fogoso sol del sur. Van Gogh trabajó todo el verano a un ritmo febril para lograr una «nota de amarillo encendido». En los 15 meses siguientes completó 200 cuadros, muchos de los cuales se consideran sus mejores trabajos.

▲ *Vincent van Gogh pintando girasoles*, 1888, de Paul Gauguin. Gauguin pintó este cuadro durante su estancia con Van Gogh (*véase pág. 22*).

ÓLEOS

Van Gogh dominaba el uso de la pintura al óleo, la técnica más popular de su tiempo. Estas pinturas se fabrican mezclando pigmentos coloreados, elaborados minerales o plantas aplastados y aceite de linaza. Muchos artistas diluyen los colores al añadir disolvente, pero a Van Gogh le gustaba usar las pinturas sin diluir, tal y como salían del tubo. Theo enviaba materiales a Van Gogh desde París. Las cartas del artista a su hermano están llenas de peticiones de más pintura.

▲ *Casa de Vincent en Arles*, 1888. Van Gogh alquiló cuatro habitaciones en la Casa Amarilla (superior) por 15 francos al mes. Escribió a Theo para decirle sobre la casa: «Es tremendo, estas casas amarillas al sol y la incomparable frescura del azul. Y todo el suelo también es amarillo.»

CRONOLOGÍA ▶

Mayo de 1888	Junio de 1888	Agosto de 1888
Van Gogh alquila una mitad de la Casa Amarilla en Arles, pero sólo la usa como estudio. Vive en el café de la estación, regentado por la familia Ginoux.	Van Gogh visita Les Saintes-Maries-de-la-Mer, junto al mar Mediterráneo. Realiza estudios de los barcos de la playa. Gauguin acuerda visitar a Van Gogh en Arles.	Van Gogh conoce a Joseph Roulin, un cartero. Entablan amistad. Van Gogh envía 36 cuadros a Theo en París. Pinta la serie de los girasoles mientras espera la llegada de Gauguin.

Jarrón con catorce girasoles, 1888

Óleo sobre lienzo, 93 x 73 cm. National Gallery, Londres

Actualmente, la serie de pinturas de Van Gogh que tienen por tema los girasoles se encuentra entre los cuadros más famosos del mundo. En 1987, *Jarrón con catorce girasoles* (superior) se vendió en una subasta por 25 millones de libras, el precio más elevado jamás pagado por un cuadro hasta ese momento.

«Estoy pensando en decorar mi estudio con media docena de cuadros de girasoles.»

Vincent van Gogh

Una visita de Gauguin

▲ Una fotografía de Paul Gauguin, pincel en mano, h. 1890.

PAUL GAUGUIN

Gauguin ya había trabajado con otros artistas en el norte de Francia antes de ir a pasar una temporada en Arles. Conoció a Van Gogh a través de Theo, que era marchante de arte en París. Theo enviaba una suma de dinero cada mes a Gauguin a cambio de cuadros, lo mismo que hacía con Van Gogh.

Cuando Gauguin dejó Arles, visitó Tahití, una isla del Pacífico, donde más adelante se instalaría permanentemente. Gauguin, que solía pintar de memoria, usaba los colores para expresar emociones en sus cuadros.

En septiembre de 1888, Van Gogh adquirió algunos muebles para la Casa Amarilla con el dinero que le había enviado Theo. Tras trasladarse allí pintó varios cuadros de su habitación (inferior), que le encantaba por sus vivos colores y pacífico ambiente. Gauguin llegó en octubre. Van Gogh estaba encantando de tener un compañero con el que pintar y comentar sus ideas sobre arte. Su sueño de un «estudio en el sur» al fin se estaba haciendo realidad.

▲ *Habitación de Vincent en Arles*, 1888. El cuadro de Van Gogh muestra que su habitación era un hermoso y alegre lugar donde acumulaba sus posesiones y tenía colgados de las paredes algunos de sus cuadros favoritos.

Ambos artistas salían juntos a pintar escenas locales. Visitaron un museo en Montpellier, una ciudad cercana, para estudiar su colección de arte. Al principio, Van Gogh y Gauguin se llevaban bien, pero, a las pocas semanas, las diferencias entre sus caracteres y sus formas de pintar empezaron a generar discusiones y la tensión fue en aumento.

CRONOLOGÍA ▶

Septiembre de 1888	23 de octubre de 1888	Diciembre de 1888
Van Gogh se traslada a su mitad de la Casa Amarilla. Tiene cuatro habitaciones a su disposición y sueña con fundar una colonia de artistas.	Gauguin visita a Van Gogh. En las semanas siguientes, Gauguin y Van Gogh trabajan juntos y hablan de arte.	Van Gogh y Gauguin visitan el museo de la ciudad vecina de Montpellier. Allí ven y se sienten inspirados por las obras de Eugène Delacroix (1798-1863) y Gustave Courbet (1819-1877).

La silla de Gauguin, 1888

Óleo sobre lienzo, 90,5 x 72,5 cm. Rijksmuseum Vincent van Gogh, Fundación Vincent van Gogh, Amsterdam, Holanda

Durante la estancia de Gauguin, Van Gogh pintó cuadros de dos sillas, la suya y la que usaba Gauguin. Van Gogh tenía la intención de que ambos cuadros expresaran las diferencias entre sus caracteres. La silla de Van Gogh era un simple asiento, era la silla de un «pintor aldeano». La silla de Gauguin, con sus brazos curvos y sus patas firmemente instaladas, parece reflejar la mayor confianza en sí mismo de Gauguin.

«Gauguin es muy poderoso, intensamente creativo…»

Vincent van Gogh

La crisis

Van Gogh y Gauguin tenían ideas diferentes sobre arte y usaban diferentes métodos para pintar. Gauguin solía pintar de memoria, mientras que a Van Gogh le gustaba pintar escenas de la vida real. Gauguin tenía más confianza en sí mismo y estaba convencido de que su forma de hacer las cosas era mejor. Se burlaba de Van Gogh porque trabajaba con demasiado realismo. Pronto empezaron a discutir.

▲ Una fotografía de Theo van Gogh tomada en 1889. Theo creía en el talento artístico de su hermano, por lo que su crisis nerviosa le afectó mucho. Van Gogh, a su vez, estaba preocupado por el hecho de que su hermano tuviera que venir desde París a ayudarlo.

EXCESO DE TRABAJO

Van Gogh había pintado mucho durante todo el verano, pero no cuidaba de sí mismo adecuadamente. Comía muy poco y bebía demasiado. A menudo pintaba durante toda la noche porque no podía dormir, y durante meses se dedicó a completar una ingente cantidad de lienzos. «Hay que golpear con el hierro candente», escribió a Theo. «Para alcanzar la elevada nota amarilla que conseguí el verano pasado, tuve que ponerme muy a tono.» La salud física y mental de Van Gogh empezaron a resentirse. Empezó a sufrir dolores de estómago y desmayos, que se hicieron cada vez más frecuentes.

> *«Si hubiera encontrado alguien a quien hubiera podido abrir su corazón, tal vez no habría llegado tan lejos.»*
>
> *Theo van Gogh*

LOS PROBLEMAS SE MULTIPLICAN

Entre tanto, las discusiones entre Van Gogh y Gauguin iban empeorando. «Nuestras discusiones son terriblemente eléctricas, a veces acabamos con nuestras cabezas tan agotadas como pilas gastadas», escribió Van Gogh a Theo. Y añadió: «Tengo que tener cuidado con mis nervios». Gauguin creía que Van Gogh era caótico y demasiado emocional, de modo que empezó a temer su fogoso genio. Para Van Gogh, Gauguin era autoritario y demasiado crítico.

CRONOLOGÍA ▶

Diciembre de 1888	24 de diciembre	7 de enero de 1889
Theo se compromete con Johanna (Jo) Bonger. El 23 de diciembre Van Gogh tiene una crisis nerviosa y amenaza a Gauguin. Deprimido, más tarde se cortará parte de la oreja.	Van Gogh es trasladado inconsciente al hospital de Arles. Theo llega de París al día siguiente.	Van Gogh sale del hospital después de dos semanas. Escribe a su familia para comentar que se siente mejor y que no se preocupen por él.

En diciembre de 1888, Theo escribió a Van Gogh para darle noticias importantes. Se había prometido en matrimonio con una joven holandesa llamada Johanna Bonger (1862-1925). Van Gogh quizá sintió que el matrimonio de Theo le distanciaría de su hermano, o tal vez incluso se sintió traicionado. Como ya mantenía una relación difícil con Gauguin, la tensión fue excesiva.

CRISIS MENTAL

La tarde del 23 de diciembre, el día antes de Navidad, Van Gogh y Gauguin tuvieron una violenta discusión. Van Gogh amenazó a Gauguin, y Gauguin, que huyó, pasó la noche en una pensión. Solo en la Casa Amarilla, Van Gogh se sintió cada vez peor. Desesperado, se cortó parte de la oreja, salió y se la entregó a una mujer que conocía. La mujer, horrorizada, se lo contó a la policía.

▲ En el hospital de Arles, Van Gogh fue sometido a los cuidados del doctor local, Félix Rey (1867-1932). Van Gogh pintó este retrato de Rey para agradecerle sus cuidados durante su enfermedad mental.

▼ El hospital de Arles, donde Van Gogh fue internado después de su crisis nerviosa en diciembre de 1888. Más adelante, Van Gogh pintaría y dibujaría este patio en diversas ocasiones.

Por la mañana, la policía encontró a Van Gogh tumbado en su cama, exhausto e inconsciente. Lo llevaron al hospital local, donde permaneció inconsciente tres días más. Gauguin telefoneó a Theo para informarle del estado de Van Gogh. Theo corrió al lado de su hermano. En pocos días Van Gogh pareció recuperarse. «Espero haber tenido simplemente un ataque de artista» escribió más adelante a Theo.

El 7 de enero de 1889, Van Gogh obtuvo permiso para abandonar el hospital e ir a casa. Theo volvió a París y Gauguin se fue de Arles. Gauguin explicó a Theo: «Vincent y yo no podemos convivir sin problemas; nuestros caracteres son incompatibles».

Una mente atribulada

▲ *Los bebedores de absenta*, 1876, de Edgar Degas. La absenta fue una bebida muy popular en Francia durante el siglo XIX.

LA LOCURA DE VAN GOGH

A lo largo de los años, los médicos han intentado recopilar información sobre la enfermedad mental de Van Gogh. Algunos expertos médicos creen que su enfermedad podía ser hereditaria, puesto que en su familia existía un historial de enfermedades mentales (una de las hermanas de Van Gogh pasó la mayor parte de su vida en un hospital psiquiátrico).

Otros médicos creen que la salud de Van Gogh se resintió porque bebía absenta, una bebida alcohólica barata y muy fuerte que más adelante se prohibió en Francia por causar daños cerebrales a sus consumidores.

El mismo Van Gogh creía que su enfermedad se debía a su debilidad física. «Estoy empezando a considerar la locura una enfermedad como cualquier otra», escribió.

V an Gogh estaba de nuevo de vuelta en la Casa Amarilla, que ahora parecía vacía. Algunos amigos le visitaban de vez en cuando, pero la mayoría de las veces estaba solo. Escribió a Theo para contarle «paso todo el día sin hablar con nadie». Obligado a ser independiente, Van Gogh empezó a pintar de nuevo. Entre los primeros lienzos completados después de su crisis mental había varios autorretratos.

A TRAVÉS DEL ESPEJO

A lo largo de los años, Van Gogh a menudo se había pintado a sí mismo, en parte porque no tenía ningún otro modelo. En estos momentos, pintar su propia cara a través de un espejo podría haberle ayudado a sentirse más tranquilo. En algunos de sus autorretratos, como el cuadro de la parte inferior, Van Gogh parece triste y atribulado. En otros parece bastante animado. El cuadro de la página siguiente lo pintó poco después de salir del hospital. En él incluyó su caballete y una estampa japonesa como fondo para destacar dos de las cosas que le hacían más feliz.

◀ *Autorretrato dedicado a Paul Gauguin*, 1888. En este cuadro, Van Gogh parece triste y atormentado. No hay modo de evitar mirar sus ojos llenos de preocupación, que resaltan en el rostro angular y en la cabeza afeitada. El fondo carece de objetos, de modo que el espectador está obligado a dirigir su mirada a Van Gogh.

CRONOLOGÍA ▶

Enero de 1889	Enero de 1889	Enero de 1889
Después de salir del hospital, Van Gogh está solo en la Casa Amarilla. Empieza a pintar otra vez, y hace algunos autorretratos.	Van Gogh pinta *Autorretrato con la oreja vendada* y *Retrato del doctor Félix Rey* (véase pág. 25).	Van Gogh escribe a Theo para decirle que expresara a Gauguin sus mejores deseos.

Autorretrato con la oreja vendada, 1889

Óleo sobre lienzo, 60 x 49 cm. Courtauld Institute Galleries, Londres

**Van Gogh pintó este autorretrato en enero de 1889, poco después
de su salida del hospital. En total, entre 1885 y 1889, pintó aproximadamente
40 autorretratos. La oreja que tenía dañada era la izquierda, pero como pintó
este cuadro mirando a un espejo, la imagen está invertida, de modo que parece
que la oreja herida es la derecha.**

*«Trabajar
en mis cuadros
es casi una necesidad
para mi recuperación.»*

Vincent van Gogh

Un buen amigo

PINTOR DE RETRATOS

Durante el tiempo que permaneció en Arles, Van Gogh pintó docenas de retratos. Muchos eran de sus amigos, como Augustine Roulin. En 1888, bajo la influencia de Gauguin, Van Gogh empezó a usar el color para expresar emoción en sus cuadros. Dijo a Theo: «Quiero pintar a hombres y mujeres con algo de lo eterno, que trato de captar a través de la radiación [...] de mi color». En torno a esta época, sintió que estaba aprendiendo «una gran lección enseñada por los antiguos maestros holandeses [...] considerar dibujo y color como uno».

▲ *Madame Augustine Roulin con bébe*, 1888. La esposa de Joseph Roulin era uno de los temas favoritos de Van Gogh.

▲ Una fotografía de Arles de la época en que Van Gogh vivió allí. Arles siempre ha sido un destino vacacional popular por sus restos arqueológicos romanos y sus pintorescas calles y cafés.

Durante su época más difícil, Van Gogh recibió regularmente las visitas de un buen amigo, Joseph Roulin. Hombre corpulento, Roulin trabajaba para la oficina de correos descargando sacas en la estación de tren, y vivía cerca de la Casa Amarilla. Van Gogh pintó varios retratos de Roulin, y también de su esposa Augustine, de su hijo adolescente Armand e incluso de su bebé, Marcelle. Roulin y su esposa apoyaron al artista durante los oscuros días de 1889, pero poco después el cartero fue trasladado a Marsella. Después de que se fueran, Van Gogh pintó más copias de sus retratos.

ENFERMO OTRA VEZ

A principios de febrero, Van Gogh sufrió otra crisis mental y empezó a tener alucinaciones (a ver cosas que no eran reales). A la gente de Arles le alarmaba su conducta, de modo que firmó una petición para que lo mantuvieran encerrado. Al sufrir otro ataque a finales de febrero, Van Gogh fue hospitalizado. El «ataque de artista», que él había esperado que se redujera a uno solo, se repetía con regularidad.

CRONOLOGÍA ▶

4 de febrero de 1889	27 de febrero de 1889	Marzo de 1889
Van Gogh sufre otra crisis; está convencido de que alguien está intentando envenenarle. En esta ocasión, la crisis dura dos semanas.	Van Gogh sufre otro ataque y vuelve a ser internado en el hospital. Entre un ataque y otro trabaja en la Casa Amarilla.	Van Gogh sufre el cuarto ataque. Treinta de sus vecinos firman una petición solicitando que ingrese permanentemente en el hospital. La gente del pueblo le pone un mote: el loco de pelo rojo. La policía cierra la Casa Amarilla con todos los trabajos de Van Gogh dentro.

El cartero Roulin, 1889

Óleo sobre lienzo, 65 x 54 cm. Rijksmuseum Kroller-Muller Otterlo, Holanda

Van Gogh escribió a Theo: «Roulin [...] no es lo suficientemente mayor como para ser un padre para mí; sin embargo tiene una ternura semejante a la que un viejo soldado podría experimentar por uno joven». El retrato de Van Gogh capta la naturaleza bondadosa del cartero.

«Lo que más me atrae es el retrato, el retrato moderno.»

Vincent van Gogh

Pintar por la noche

▲ **El psiquiátrico de Saint-Rémy actualmente sigue siendo un hospital mental.**

HOSPITALES PSIQUIÁTRICOS

En los psiquiátricos como el de Saint-Rémy, los pacientes como Van Gogh disfrutaban de una mayor privacidad que en una sala colectiva de un hospital público. Van Gogh tenía su propia habitación, además de un estudio para pintar.

Durante sus ataques de depresión –que a veces duraban varios días– permanecía encerrado, aunque en otras ocasiones se le permitía deambular libremente por la institución, además de por los campos cercanos. En el siglo XIX, las ideas sobre las enfermedades mentales eran muy primitivas, lo mismo que sucedía con la mayoría de los tratamientos. Los pacientes como Van Gogh, a quien se le había diagnosticado epilepsia, eran tratados con baños fríos. Van Gogh escribió: «Se oyen continuamente gritos y aullidos como de bestias en un zoo».

Theo y Jo se casaron en abril de 1889. Poco después, Van Gogh sufrió otro ataque, lo que le obligó a permanecer de nuevo en el hospital. Sin embargo, como no tenía intimidad en el pabellón público de Arles, un sacerdote local sugirió que debía ser trasladado al hospital psiquiátrico de la ciudad cercana de Saint-Rémy, donde disfrutaría de mejores condiciones. En mayo de 1889, Van Gogh ingresó en Saint-Rémy de manera voluntaria. Permaneció allí durante un año.

LOCURA Y OBRAS MAESTRAS

Los ataques de Van Gogh continuaron, aunque, entre tanto, copiaba sus grabados y cuadros favoritos, y realizaba estudios para naturalezas muertas. Asimismo, pintaba el paisaje que se contemplaba desde su habitación, incluido el que se veía de noche (*véase* página siguiente). Van Gogh creó muchas obras maestras durante su estancia en Saint-Rémy. Sentía que pintar le ayudaba a calmar y aliviar su espíritu, pero seguía esforzándose demasiado. La tensión emocional de ponerse «a tono» para completar una serie de cuadros geniales con tanta rapidez podría haber influido en sus ataques de depresión.

◀ *Terraza del café de la plaza del Foro, Arles, de noche,* 1888. «El problema de pintar de noche me interesa enormemente», escribió Van Gogh. Cuando trabajaba al aire libre con poca luz, colocaba velas en el borde de su sombrero y en el caballete para que le ayudaran a ver. Las pinturas nocturnas de Van Gogh están llenas de luz y color; nunca son sombrías.

CRONOLOGÍA ▶

Abril de 1889	Mayo de 1889	1889
El 17 de abril, Theo y Johanna Bonger se casan en Amsterdam. Poco después, Van Gogh sufre otro ataque.	Van Gogh ingresa en el hospital mental de San Pablo en Saint-Rémy como paciente voluntario, y permanece en él durante un año. Como empieza a sentirse más tranquilo, se le permite dibujar y pintar.	En julio, Van Gogh sufre otro ataque y trata de tragarse sus pinturas, que son venenosas. En diciembre sufre otro ataque e intenta hacer lo mismo.

Noche estrellada, 1889

Óleo sobre lienzo, 73,7 x 92,1 cm. Museo de Arte Moderno, Nueva York

Van Gogh pintó *Noche estrellada* desde detrás de las rejas de una ventana en su habitación del hospital de Saint-Rémy. Van Gogh decía a su hermano Theo que vislumbraba en el cielo muy iluminado por las estrellas «algo que uno sólo puede llamar Dios [...] eternidad en su lugar por encima de este mundo». Las estrellas de este cuadro resplandecen con brillantes remolinos de color. Sin embargo, el cuadro también muestra con precisión las constelaciones y los planetas que brillaban en el cielo nocturno en junio de 1889, el mes en que Van Gogh pintó el cuadro.

«En las profundidades azules, las estrellas resplandecían, verdosas, amarillas, blancas, rosas, más brillantes [...] que en casa, e incluso que en París.»

Vincent van Gogh

Regreso al norte

▲ Claude Monet era uno de los principales artistas impresionistas; sus elogios fueron un honor.

AL FIN ELOGIOS

En 1888, 1889 y 1890, los cuadros de Van Gogh se presentaron en el Salon des Indépendants, una exposición anual de artistas modernos que se celebraba en París. En 1890, su trabajo mereció muchas alabanzas. Paul Gauguin explicó a Van Gogh: «Monet ha dicho que tus cuadros eran los mejores... Muchos artistas han sentido que tú eras lo más notable de la exposición». En enero de 1890, un poeta llamado Albert Aurier (1865-1892) publicó un artículo en el que también ensalzaba el trabajo de Van Gogh. En marzo de 1890, se vendió uno de los cuadros de Van Gogh, *La viña roja*. Finalmente, el trabajo del pintor empezaba a ser conocido.

▲ *La viña roja*, 1888, fue el único cuadro que Vendió van Gogh en vida. Fue comprado por 400 francos, un buen precio para su tiempo.

Van Gogh escribió a Theo desde Saint-Rémy y le explicó: «Durante mi enfermedad, he vuelto a ver todas las habitaciones de la casa de Zundert, cada camino, cada planta del jardín». A medida que iba transcurriendo el tiempo, cada vez echaba más de menos el norte de Europa. En 1890 decidió regresar al norte de Francia.

En enero, la esposa de Theo, Jo, dio a luz a un niño a quien pusieron de nombre Vincent. En mayo, Van Gogh dejó el sur y viajó a París para visitar a Theo. Conoció a Jo y al bebé. Después de unos días en París, Van Gogh se trasladó al pueblo de Auvers-sur-Oise, al norte de París, donde Theo conocía a un psiquiatra, Paul Gachet (1828-1909), que podía cuidar de su hermano. Van Gogh alquiló una habitación encima de un café y veía al doctor Gachet y a su familia con regularidad. El paisaje de los alrededores de Auvers le resultó inspirador, de modo que comenzó un período de intensa actividad, en el que pintó un cuadro al día durante 70 días.

CRONOLOGÍA ▶

Enero de 1890	22 de febrero de 1890	Marzo de 1890	Mayo de 1890
El 31 de enero, Johanna van Gogh da a luz a su hijo, a quien llamaron Vincent. Aparece un artículo de Albert Aurier en el que se alababa el trabajo de Van Gogh en *Mercure de France*, un periódico francés.	Van Gogh vuelve a recaer en su enfermedad mental. Esta crisis dura dos meses.	El cuadro *La viña roja* se vende por 400 francos.	El 17 de mayo, Van Gogh viaja a París para visitar a Theo y a su familia. El 20 de mayo se marcha a vivir a Auvers-sur-Oise, 30 kilómetros al norte de París.

La iglesia de Auvers, 1890

Óleo sobre lienzo, 94 x 74 cm. Museo de Orsay, París, Francia

Van Gogh pintó *La iglesia de Auvers* **distorsionando deliberadamente
la perspectiva del cuadro. Esta obra está unificada por fuertes líneas fluidas
y remolinos rítmicos de pintura que hacen que la fuerte y sólida iglesia
de piedra adquiera movimiento.**

*«Trabajo febrilmente,
sin parar.»*

Vincent van Gogh

Al cuidado del doctor Gachet

▲ En el retrato del doctor Gachet aparece una dedalera, símbolo de sus conocimientos homeopáticos.

MEDICINA HOMEOPÁTICA

Paul Gachet era un personaje avanzado para su tiempo, ya que era un médico que practicaba la homeopatía. Esta rama de la medicina requiere un conocimiento minucioso de las propiedades curativas de cientos de plantas y minerales. Los médicos homeopáticos prescriben a sus pacientes pequeñas cantidades de remedios vegetales o minerales que estimulan las defensas del cuerpo contra la enfermedad. Las suaves hojas arrugadas de la dedalera (superior) contienen digitalis, que puede usarse como tónico cardíaco.

Además de ser médico, Paul Gachet también era aficionado a la pintura y gran amante del arte. Su casa estaba decorada con cuadros de Claude Monet y Paul Cézanne; además, conocía a muchos de los artistas impresionistas (*véase* pág. 14), gracias a sus días como estudiante de medicina en París. Los artistas Camille Pissarro y Pierre-Auguste Renoir también estaban a su cuidado, como Van Gogh. El gusto del doctor Gachet por el arte y sus ideas poco convencionales hacían que tuviera mucho en común con Van Gogh, de modo que los dos hombres entablaron amistad.

UN BUEN DOCTOR

Aunque Van Gogh comía casi siempre en el café donde estaba hospedado, cenaba regularmente en casa del doctor Gachet. Realizó varios retratos del doctor y de su hija. Incluso el mismo Van Gogh pensaba que Gachet era excéntrico: «Es tan desorganizado con su trabajo como médico como yo con la pintura», dijo a Theo. Sin embargo, con su ayuda psiquiátrica, Van Gogh fue capaz de relajarse y trabajar con continuidad.

◀ Esta fotografía de la casa del doctor Gachet se hizo en 1980. Van Gogh iba allí a pintar y a cenar con la familia, así como a recibir tratamiento. «Siento que no puedo pintar un mal cuadro cada vez que voy a su casa», escribió.

CRONOLOGÍA ▶

Mayo de 1890	Mayo de 1890
Van Gogh entabla amistad con el doctor Paul Gachet y sus dos hijos, Marguerite (de 20 años) y Paul (de 16 años).	Van Gogh pinta cuadros del pueblo y de su entorno.

Retrato del doctor Gachet, 1890

Óleo sobre lienzo, 67 x 56 cm. Colección privada

**Van Gogh pintó el retrato de Paul Gachet en junio de 1890.
El psiquiatra se sintió tan entusiasmado con el resultado
que pidió al artista que pintara una copia para él.**

*«Estoy trabajando con calma
y entusiasmo sostenido.»*

Vincent van Gogh

Bajo cielos amenazantes

Van Gogh escribió a Theo desde Auvers para anunciarle que estaba «...trabajando mucho y rápido; de este modo trato de expresar lo rápido que suceden las cosas en la vida moderna». La rutina del artista era exigente: solía levantarse a las cinco de la madrugada para salir a pintar al aire libre. Trabajaba sin descanso bajo el sol, el viento y la lluvia.

LOCURA BRILLANTE

En las cartas a Theo, Van Gogh comparaba sus obras con los trabajos que había realizado anteriormente. «Me siento mucho más seguro de mis pinceladas que antes de ir a Arles», escribió. Después de diez años, las habilidades de Van Gogh habían avanzado enormemente, de modo que en esos momentos ya había adquirido las pinceladas seguras de un maestro.

▲ Este detalle de los cuervos en *Paisaje en Auvers bajo la lluvia* (página siguiente) muestra las vigorosas pinceladas de Van Gogh.

Los paisajes pintados en Auvers son preciosos, pero sus colores oscuros y las pinceladas violentas sugieren que el artista estaba atrapado en una intensa lucha interior. El impulso de trabajar tan deprisa amenazaba su cordura.

▲ Un campo de girasoles en Provenza.

SÍMBOLOS EN EL TRABAJO DE VAN GOGH

Los trabajos de Van Gogh presentan imágenes que, para algunas personas, son simbólicas. Los girasoles parecen simbolizar el caluroso sur de Francia, la felicidad, el amor y los tiempos esperanzados de Van Gogh en la Casa Amarilla de Arles. El verano de 1890, Van Gogh pintó una serie de paisajes con cielos nublados y lluviosos, y cuervos que volaban. Mucha gente los considera símbolos del inquietante estado mental del artista. Los álamos retorcidos y oscuros que aparecen en algunos de los últimos cuadros de Van Gogh también constituyen formas amenazadoras que podrían simbolizar su lucha desesperada contra la enfermedad mental.

CRONOLOGÍA ▶

Junio de 1890	Junio de 1890
El doctor Gachet visita a Theo en París y le dice que cree que su hermano está completamente recuperado.	Van Gogh pinta sin cesar. El doctor Gachet le anima a realizar grabados.

Paisaje en Auvers bajo la lluvia, 1890

Óleo sobre lienzo, 50 x 100 cm. Museo Nacional de Gales, Cardiff

Van Gogh pintó *Paisaje en Auvers bajo la lluvia* en julio de 1890. Escribió:
«Éstas son grandes extensiones de maíz bajo cielos amenazadores; no tengo
que apartarme de mi camino para expresar tristeza y soledad extremas».
En los cuadros que realizó en el verano de 1890, las pinceladas de Van Gogh
se hicieron todavía más vigorosas. Las líneas diagonales que cruzan *Paisaje
en Auvers bajo la lluvia* se asemejan a cicatrices sobre el lienzo.

*«Tal vez el dolor tenga un propósito,
que, visto desde aquí, a veces domina el horizonte
tan completamente que nos inunda irremediablemente.
Sabemos muy poco de cómo están relacionadas
estas cosas, de manera que sería preferible mirar
un campo de maíz, aunque sólo esté pintado.»*

Vincent van Gogh

Últimos días

▲ El café Ravoux, donde Vincent pasó los últimos meses de su vida. Su habitación del ático se encontraba frente al ayuntamiento de Auvers.

En julio de 1890, Van Gogh se sintió abrumado por sus problemas. En junio, Theo, Jo y el niño visitaron Auvers y los cuatro se fueron de picnic. Durante la visita, Theo explicó a su hermano sus propios problemas laborales y hogareños, pues el niño enfermaba muy a menudo. Theo parecía agobiado por las responsabilidades. Van Gogh le escribió: «[...] siento que la tormenta que te amenaza también pesa sobre mí. En general, trato de estar animado, pero mi vida también está amenazada en su raíz misma, y mis pasos vacilan.»

Por otra parte, su amistad con el doctor Gachet se fue enfriando. En una de las visitas a su casa, el artista se enfadó porque el doctor no había enmarcado algunos de sus cuadros, que estaban apoyados contra las paredes. Van Gogh sufrió un ataque de ira, amenazó a Gachet con una pistola, y después huyó, horrorizado por lo que había hecho.

«Hay muchas cosas que me gustaría decirte, pero siento que es inútil.»

Vincent van Gogh

CRONOLOGÍA ▶

8 de junio de 1890	6 de julio de 1890	27 de julio de 1890	29 de julio de 1890	15 de enero de 1891
Theo y su familia visitan a Van Gogh en Auvers.	Van Gogh visita a Theo en París, y se entera de sus planes para volver a Holanda.	Van Gogh se dispara en el pecho en un intento de suicidio.	Van Gogh fallece a causa de sus heridas a la edad de 37 años.	Theo van Gogh fallece a causa de la bronquitis y otras enfermedades a la edad de 34 años.

UN INTENTO DE SUICIDIO

El 6 de julio, Van Gogh visitó a Theo en París y vio
a algunos de sus viejos amigos artistas. Regresó a Auvers
inquieto. Theo le había explicado que él y Jo estaban
planeando regresar a Holanda, lo que quizá pudo generar
en Van Gogh un sentimiento de abandono. El 27 de julio
de 1890, el dolor se hizo insoportable. Salió al campo
con una pistola y se disparó en el pecho. La bala le hirió,
pero no acabó con su vida. Regresó caminando a Auvers
y consigió llegar hasta su habitación.

UNA HERIDA MORTAL

La propietaria de la posada donde se hospedaba sospechó
al ver que Van Gogh no bajaba a cenar. Subió a su habitación
y encontró al artista sangrando sobre su cama. Llamó
a un médico, aunque no pudo hacer nada por su vida.
La bala no había tocado el corazón, pero estaba alojada
cerca de la columna. Llamaron a Theo a París, quien se
presentó a primera hora de la mañana siguiente. Los dos
hermanos pasaron muchas horas solos antes de que Vincent
muriera en brazos de Theo. Tenía 37 años.

▲ El doctor Gachet realizó este boceto del rostro
de Van Gogh poco después de su muerte.

«Ojalá ahora todo
se acabe.»

Últimas palabras de Van Gogh

UN PEQUEÑO FUNERAL

Algunos de los viejos amigos de Van Gogh
acudieron a su funeral, que se celebró
unos días después. Además de Gachet
y Theo, estuvieron presentes el artista
Émile Bernard y Père Tanguy. «Bueno,
lo cierto es que sólo podemos hacer
que nuestros cuadros hablen», escribió
Van Gogh en una última carta a Theo
hallada en un bolsillo y que no llegó
a enviar. Sus palabras encontraron eco
en el discurso del doctor Gachet sobre
su tumba: «Era un hombre honesto,
y un gran artista. Sólo tenía dos metas,
la humanidad y el arte. Amó el arte sobre
todas las cosas, y el arte le hará vivir».

▲ Theo van Gogh sólo sobrevivió a su hermano unos meses.
Murió en enero de 1891. A petición de su esposa Jo, el cuerpo de Theo
fue trasladado a Auvers y enterrado junto al de Van Gogh. Los dos hermanos
estuvieron tan cerca en la muerte como lo habían estado en vida.

El legado de Van Gogh

En los breves años que dedicó al arte, Van Gogh creó más de 800 cuadros al óleo y 700 dibujos, un número superior de lo que algunos artistas producen en toda una vida de trabajo.

Pocos años después de la muerte del artista, el arte de Van Gogh empezó a recibir el reconocimiento que merecía. En parte, este hecho se debió a la viuda de Theo, Jo. Cuando Theo murió a causa de la bronquitis y otras enfermedades en enero de 1891, estaba intentando organizar una exposición con los cuadros de Van Gogh. Jo llevó adelante el proyecto, y, por fortuna, hizo caso omiso al consejo de tirar los cuadros. El trabajo de Van Gogh apareció en el Salon des Indépendants, en París, en marzo de 1891, gracias a lo cual un importante crítico de arte, Octave Mirbeau (1848-1917), pudo escribir un artículo entusiasta.

RECONOCIMIENTO PÚBLICO

En mayo de 1892, menos de dos años después de su muerte, se celebró la primera gran exposición de obras de Van Gogh en La Haya. Se exhibieron 45 cuadros. Una vez más, las obras atrajeron elogios. A medida que el trabajo de Van Gogh iba siendo conocido, un marchante llamado Ambroise Vollard (1865-1917) realizó un seguimiento de los amigos de Van Gogh, como los Roulin y el doctor Rey, para convencerles de que le vendieran los cuadros que Van Gogh les había regalado. En la actualidad, pueden admirarse en galerías de arte de todo el mundo. Durante su vida, Van Gogh sólo vendió un cuadro (*véase* pág. 32). Actualmente, algunas de sus obras se ha vendido a los precios más elevados jamás pagados por obras de arte.

LIBROS, PELÍCULAS, MÚSICA

En 1910, un crítico de arte publicó un estudio sobre la obra de Van Gogh: sería el primero de cientos de libros sobre él. Actualmente, gracias a los libros, las exposiciones, las películas, las óperas y los poemas, e incluso canciones

◀ *El grito*, 1893, de Edvard Munch. La influencia de Van Gogh puede contemplarse tanto en las pinceladas arremolinadas como en la perspectiva distorsionada.

▶ *Destino de los animales*, 1913, de Franz Marc. Franz Marc (1880-1916) perteneció a Der Blaue Reiters, un grupo de expresionistas alemanes influidos por el intenso uso del color, típico de Van Gogh.

pop que hablan de su vida y de su trabajo, Van Gogh es uno de los artistas más conocidos del mundo.

COLOR Y EMOCIÓN

Durante el siglo XX, la influencia de Van Gogh en el arte y en los artistas se extendió por toda Europa y América. El artista noruego Edvard Munch (1863-1954), que formaba parte del movimiento expresionista, se inspiró en la capacidad de Van Gogh para transmitir emociones. En torno a 1900, un grupo de pintores llamados fauvistas (*fauves*, «bestias salvajes») usaron colores intensos para expresar emociones, inspirados en los cuadros de Van Gogh. Otro grupo de artistas alemanes llamados Die Brücke («el puente») recibió la influencia de los intensos colores de Van Gogh y su uso de la perspectiva. Asimismo, los expresionistas del grupo Der Blaue Reiter, creado en 1911, imitaron su intenso uso del color.

PINCELADAS Y HONESTIDAD

Más adelante, a lo largo del siglo XX, Van Gogh inspiró a gran cantidad de artistas de todo el mundo, quienes imitaron sus vigorosas pinceladas, su perspectiva distorsionada y sus colores vibrantes. La honestidad de los autorretratos de Van Gogh se refleja en los autorretratos del artista británico Francis Bacon (1909-1992). Artistas como Renato Guttuso (1911-1987) y Jiri Kolar (n. 1914) retoman temas de Van Gogh para demostrar el aprecio que le tienen.

◀ El Rijksmuseum Vincent van Gogh, en Amsterdam, Holanda, abrió sus puertas en 1973. Alberga una colección de 207 cuadros del artista y casi 600 de sus dibujos.

Las cartas de Van Gogh

Vincent van Gogh sigue vivo no sólo a través de su arte, sino también de sus cartas. El artista era muy aficionado a escribir, de modo que mantuvo correspondencia regular con su hermano Theo y otros miembros de su familia, como su madre y su hermana Willemina, y también con otros artistas como Émile Bernard, Paul Signac y Paul Gauguin.

OBRAS DE ARTE EN PALABRAS

Muchas de las cartas de Van Gogh contienen esbozos de escenas locales o de los cuadros en los que estaba trabajando. Proporcionan una comprensión fascinante de su vida y su obra. Además de escribir sobre sus progresos y sus sentimientos, Van Gogh también comenta sucesos corrientes y asuntos sociales. Como era amante de la literatura, a menudo escribió sobre sus autores favoritos, entre los que se incluyen Shakespeare (1564-1616) y los novelistas Charles Dickens (1812-1870), George Eliot (1819-1880) y Émile Zola (1840-1902). En las cartas a artistas como Gauguin y Émile Bernard, Van Gogh comparte sus ideas sobre arte y discute

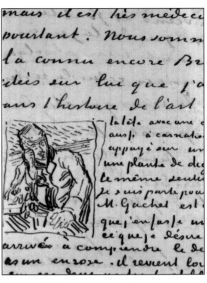

▲ Van Gogh incluyó este esbozo de su retrato del Dr. Gachet (*véase* pág. 35) en una de sus cartas a Theo.

◀ Un fragmento de una carta de Van Gogh a Èmile Bernard, 1888.

«*Hablemos de Frans Hals [...] Ponte en la cabeza que el maestro Frans Hals, que pintaba toda clase de retratos, era el pintor de una república sincera, galante, viva e inmortal.*»

las últimas evoluciones de la pintura. Mantuvo correspondencia regular con Bernard, a quien conoció en París en 1886. Como era mayor que él, Vincent a menudo ofreció consejos a Bernard, y le recomendó el estudio de maestros como el artista holandés Frans Hals (h. 1580-1666).

CRONOLOGÍA ▶

1853	1873	1877	1881	1885
30 de marzo de 1853 Nace Vincent van Gogh en Holanda.	**Mayo de 1873** Van Gogh es trasladado a la oficina de Goupil & Co. en Londres.	**Mayo de 1877** Estudia para ingresar en la facultad de teología de la Universidad de Amsterdam, pero suspende el examen de ingreso.	**1881** Se traslada a La Haya, donde estudia con Anton Mauve.	**Noviembre de 1885** Se traslada a Amberes.
1 de mayo de 1857 Nace Theodorus (Theo) van Gogh.	**Mayo de 1875** Es trasladado a la sucursal de Goupil & Co. en París.	**1878** Estudia para ingresar en un seminario de Bruselas, pero suspende de nuevo.	**1882** Vive con Sien Hoornik.	**Enero de 1886** Van Gogh acude durante un breve período de tiempo a la Academia de Arte de Amberes.
1861-1864 Van Gogh asiste a la escuela local.	**Enero de 1876** Es despedido de Goupil & Co.	**Diciembre de 1878-agosto de 1979** Trabaja como predicador seglar en Borinage.	**1883** Pinta en Drenthe, y después vuelve a casa de sus padres en Nuenen.	**Febrero de 1886** Se traslada a París con Theo y conoce a los impresionistas.
1864-1868 Van Gogh asiste a un internado.	**Abril de 1876** Trabaja como profesor en Kent y después en Londres.	**1880** Decide hacerse artista. Ingresa en la Academia de Arte de Bruselas.	**1884-1885** Van Gogh pinta en Nuenen.	**Junio de 1886** Theo y Van Gogh se trasladan a Montmartre.
30 de julio de 1869 Van Gogh empieza a trabajar en Goupil & Co. en La Haya.	**Enero-abril de 1877** Trabaja como empleado en una librería en Dordecht.		**26 de marzo de 1885** Fallece el padre de Van Gogh.	**Invierno de 1886** Conoce a Paul Gaugin.
			1885 *Los comedores de patatas.*	

CARTAS A THEO

Van Gogh y Theo mantuvieron frecuente correspondencia a lo largo de toda su vida. Theo guardó cuidadosamente las cartas de Vincent, de las que se han conservado más de 650. Van Gogh abrió su corazón a su hermano, y le explicó sus esperanzas, miedos y emociones más profundas. Por ejemplo, durante sus primeros años como artista, habló de su soledad:

> *«Puede haber un gran fuego en nuestra alma, y, sin embargo, nadie viene a calentarse en él, y quienes pasan a su lado sólo ven una voluta de humo.»*

Por su condición de marchante que vivía en la capital de Francia, Theo mantuvo a Van Gogh informado de los desarrollos en el mundo del arte. Le enviaba noticias de las exposiciones e informes de los últimos acontecimientos en París. A lo largo de su vida, Theo mantuvo a Van Gogh no sólo económicamente, sino también emocionalmente. El artista reconocía abiertamente la deuda contraída con su hermano: «Si no tuviera tu amistad, me habría visto conducido irrevocablemente al suicidio, y, siendo tan cobarde como soy, lo habría cometido finalmente», escribió en 1889.

CARTAS A VAN GOGH

Tan sólo se han conservado unas pocas de las cartas de Theo a Van Gogh, ya que el artista no las conservaba tan cuidadosamente como aquél. Las cartas de Theo muestran su afecto por su hermano. «Me has devuelto con tu trabajo y tu amistad mucho más de lo que te he entregado, algo que para mí tiene más valor que todo el dinero que pueda ganar.»

Las cartas de Van Gogh son poéticas y, a menudo, filosóficas. Son escritos notables que revelan imaginación e inteligencia. En 1889, Van Gogh escribió a Theo:

> *«Mirar las estrellas siempre me hace soñar [...] ¿Por qué, me pregunto, no deberían los puntos brillantes del cielo ser tan accesibles como los puntos negros en el mapa de Francia? Del mismo modo que tomamos el tren a Tarascón o Ruán, tomamos la muerte para alcanzar una estrella».*

▲ Van Gogh en una carta a Theo en 1889, sobre la época en que pintó *Noche estrellada* (*véase* pág. 31).

1887	1888	1888	1889	1890
Noviembre de 1887 Conoce a Georges Seurat.	**Agosto de 1888** Van Gogh conoce a Joseph Roulin. Pinta la serie de los girasoles.	**23 de diciembre de 1888** Van Gogh sufre una crisis nerviosa y se corta parte de la oreja.	**Marzo de 1889** Van Gogh sufre el cuarto ataque.	**Marzo de 1890** Se vende *La viña roja*.
Febrero de 1888 Se traslada de París a Arles.	**Septiembre de 1888** Van Gogh se traslada a su mitad de la Casa Amarilla.	**24 de diciembre de 1888** Inconsciente, Van Gogh es trasladado al hospital de Arles. Theo llega de París.	**17 de abril de 1889** Theo se casa con Johanna (Jo).	**20 de mayo de 1890** Se traslada a Auvers-sur-Oise y conoce al doctor Gachet.
Marzo de 1888 El trabajo de Van Gogh se exhibe en el Salon des Indépendants de París, pero no se vende.	**23 de octubre de 1888** Gauguin se traslada a Arles para estar con Van Gogh. Viven y trabajan juntos.	**7 de enero de 1889** Van Gogh sale del hospital y vuelve a la Casa Amarilla.	**Mayo de 1889** Van Gogh ingresa voluntariamente en el hospital mental de San Pablo en Saint-Rémy y permanece allí un año.	**27 de julio de 1890** Se dispara en el pecho.
Mayo de 1888 Van Gogh alquila la Casa Amarilla en Arles y la usa como estudio.	**Diciembre de 1888** Theo se compromete con Johanna (Jo) Bonger.	**Febrero de 1889** Sufre dos ataques más.	**Julio-diciembre de 1889** Más ataques.	**29 de julio de 1890** Fallece a causa de sus heridas.
			31 de enero 1890 Jo da a luz a un niño.	**15 de enero de 1891** Theo van Gogh fallece.

Glosario

acuarela: cuadro creado con colores (denominados pigmentos) diluidos en agua.

alucinación: elemento que la mente ve o experimenta, pero que no existe en la realidad.

anatomía: estudio del cuerpo humano y la forma en que se debe dibujar.

caótico: se dice de lo que no tiene sentido, es confuso, y carente de orden.

constelaciones: cualquiera de los 88 grupos de estrellas que pueden verse desde la Tierra.

Die Brücke: Die Brücke significa «el puente» en alemán. Fue un movimiento expresionista alemán cuyos seguidores trataron de revelar la verdad emocional de la naturaleza y no sólo su apariencia. Entre sus artistas más conocidos se encuentran Emil Nolde (1867-1956) y Karl Schmidt-Rottluff (1884-1976).

enfermedad mental: enfermedad de la mente. La enfermedad mental puede tomar muchas formas y se tienen pocos conocimientos sobre su tratamiento y cura.

epilepsia: enfermedad que conlleva pérdidas ocasionales de la conciencia y del control físico.

estudio: taller de un artista.

expresionismo: movimiento pictórico que comunica un estado emocional preferentemente a las realidades externas.

fauvistas (*fauves*): término que en francés significa «bestias salvajes».

El nombre, acuñado por un crítico en 1905, y que designaba a un grupo de pintores, incluía a Henri Matisse (1869-1954) y André Derain (1880-1954), quienes usaron colores brillantes en vez de naturales en su arte.

Grandes Maestros: grandes pintores europeos del período 1500-1800, entre los que se incluyen Leonardo da Vinci (1452-1519), Miguel Ángel (1475-1564) y Rembrandt (1606-1669).

homeopatía: rama de la medicina que trata a los pacientes con pequeñas cantidades de remedios elaborados con plantas o minerales. Dichos remedios estimulan las defensas naturales del cuerpo contra las enfermedades.

impresionismo: grupo de artistas con base en París propio de finales del siglo XIX que pintaba «impresiones» del mundo con amplias pinceladas de color puro. El grupo incluía a Pierre-Auguste Renoir (1841-1919), Claude Monet (1840-1926) y Edgar Degas (1834-1917).

incompatibles: se dice de las personas cuyos caracteres son diferentes.

interior: en pintura, cuadro de una escena que ocurre dentro de casa. Los artistas holandeses eran famosos por sus cuadros de interiores.

lienzo: tela usada como base de las pinturas. Entre los materiales empleados en su elaboración se encuentran el lino, el algodón y el cáñamo, que se tratan para impedir que la pintura penetre demasiado en el material.

modelo: persona que se sienta inmóvil durante cierto tiempo para que los artistas puedan dibujarla.

naturaleza muerta: pintura de objetos, generalmente cuidadosamente ordenados por el artista.

perspectiva: conjunto de reglas que siguen los artistas para dar sensación de profundidad a los dibujos o cuadros pintados sobre una superficie plana.

pintura al óleo: tipo de pintura que se elabora mediante la mezcla de pigmentos (de plantas o minerales aplastados) con aceite de linaza. La pintura al óleo puede aplicarse tal y como sale del tubo, o diluirse con disolvente.

plano: en pintura, área de un único color liso, sin matices.

psiquiatra: médico que trata las enfermedades mentales.

puntillismo: movimiento artístico cuyos pioneros fueron los pintores franceses Georges Seurat (1859-1891) y Paul Signac (1863-1935) durante la década de 1880. Los cuadros puntillistas se pintan con miles de puntos de color puro.

simbolismo: movimiento artístico que trató de dar a las ideas, como el amor y el odio, una forma visual en un dibujo o sobre un lienzo.

símbolos: elementos que representan una tercera cosa, como una idea o emoción.

teología: estudio de la religión.

Museos y galerías

Las obras de Van Gogh están expuestas en museos y galerías de todo el mundo. Algunos de los que se incluyen a continuación están dedicados exclusivamente a la obra de Van Gogh, aunque la mayoría alberga obras de gran variedad de artistas.

Aunque no puedas visitar ninguna de estas galerías personalmente, posiblemente podrás ver sus portales en la red (Internet). Los portales de las galerías a menudo muestran imágenes de sus obras de arte. Algunos de los portales ofrecen paseos visuales que permiten deambular y contemplar distintos cuadros mientras se está cómodamente frente al ordenador.

EUROPA

Courtauld Institute of Art
Somerset House
Strand
Londres WC2R ORN
Inglaterra
www.courtauld.ac.uk

Kröller-Müller Museum
Houtkampweg 6
Apartado de correos 1
6730 AA Otterlo
Holanda
www.kmm.nl

Museo de Arte Moderno
Koingsplein/Place Royale 1-2
1000 Bruselas
Bélgica
www.fine-arts-museum.be

Museo del Louvre
Musée du Louvre
75058 París, Cedex 01
Francia
www.louvre.fr

Museo de Orsay
Quai Anatole France
Paris 7e
Francia
www.musee-orsay.fr

National Gallery
Trafalgar Square
Londres WC2N 5DN
Inglaterra
www.nationalgallery.org.uk

Stedelijk Museum
Paulus Potterstraat 13
Apartado de correos 75082
1071 AB Amsterdam
Holanda
www.stedelijk.nl

Museo Van Gogh
Paulus Potterstraat 7
Apartado de correos 75366
1070 AJ Amsterdam
Holanda
www.vangoghmuseum.nl

ESTADOS UNIDOS

Instituto de Arte de Chicago
111 South Michigan Avenue
Chicago, Illinois 60603
www.artic.edu

Museo de Arte de Baltimore
10 Art Museum Drive
Baltimore MD 21218-3898
www.artbma.org

Museo de Arte Carnegie
4400 Forbes Avenue
Pittsburgh
PA 15213-4080
www.cmoa.org

Museo de Arte de Cleveland
11150 East Boulevard
Cleveland, Ohio 44106-1797
www.clemusart.com

Museo Metropolitano de Arte
1000 Fith Avenue at 82nd Street
Nueva York
Nueva York 10028-0198
www.metmuseum.org

Museo de Bellas Artes
465 Huntington Avenue
Boston MA 02115-5523
www.boston.com/mfa

Índice